句集

冬干潟

武藤紀子

角川書店

句集 冬干潟 目次

装丁●大武尚貴
カバー・扉写真●片岡巖
（アイノア）

句集

冬干潟

冬干潟 I

富士山の雪の色して志《こころざし》

志とは

御手にのる柑子蜜柑のごときもの

氷片を空にかざしてリルケの忌

寒ければ鯉のひらたくなりにけり

指・瞼・腿《ひかがみ》冬を籠りけり

冬の海の如き男でありたしよ

登校の子供の上を冬かもめ

髫髪子《うなゐこ》にくれなゐの頬冬干潟

髫髪子――髪を首のあたりに垂らしている子供

清水貴久彦へ

我に円座君にかたみの髫髪松

髫髪子に冬の干潟の光りけり

焦土

紅梅の開きはじめし外かまど
鳥の恋杜国の墓のあるところ

陽炎を吹き消す風や海の宿

トロ箱に菊の根分けや伊良湖岬

潜水服干されし下に菊根分

菜の花の黄に溺れたる誕生日

高々と古巣は舟のかたちして

母と見し春潮模糊とふくれくる

父とありし少し離れて梅匂ふ

踏青や我に焦土の記憶なし

鳥雲に

鳥雲に入る大地震《なゐ》をつれてゆけ

かげろふを来る上人と鹿杖《かせづゑ》と

かげろふに消ゆ上人と鹿杖と

かぎろへるものの一つに漏刻も

一位の木神寂びてあり實の忌

實の忌：飴山實の忌

真菰の芽師恩の色に生ひそめし

赤ければ久女椿と申すべし

春雷の遠鳴る畦をいそぎけり

田の面の波立つてをりつばくらめ
硝子器にむらさきの泡鳥雲に

田水沸く

わが道をゆかん大南風吹きたれど

一筋の翡翠の色の涼しさよ

淡海の水の匂ひの蚊帳拡げ

セルを着て立てり棟の木の下に

鵜の匂ひ濃くなる足立家午さがり

鵜が歩く松葉牡丹の咲く庭を

柴垣や七夕竹のしなひゆく

桑の実のむらさき父も母もほとけ

墓碑銘に四歳の文字浮いてこい

熊《ゆ》野《や》権現愛宕権現田水沸く

鹿垣

閉め忘れたる鹿垣の扉かな

山風の中山道に麻を引く

寝物語りに帚木のことすこし

門川のあり竹牀几出してあり

汗《あせ》衫《とり》の手拭もまた草木染

虫聴くや手足大きな西行が

馬追のとぶまさをなる翳のとぶ
地に伏してゐし露草の起き上がる

秋燕や山中をゆく紀勢線

郷愁は白をむねとす花木槿

祈り

悼　児玉輝代先生　五句

逝かれけり富士に冠雪ありし日よ

鳶を見し鷹のやうでもありしかな

にこにこと秋海棠など見てをられし
菊の香に染みし縁と思ひけり

段戸山装ひ初めし頃と思ふ

悼 吉房山鶯 二句

霜月は山の鶯祀らむか

逝く秋の鷗となりて戻られよ

悼　清水貴久彦　三句

蘆の火を焚き彼の人を偲びをり

秋潮に乗りて補陀落舟は柩

「円座」創刊号に載せた句を再びここに掲げる。そは、清水貴久彦への追悼句であると共に、私の辞世の句でもあるからである

我に円座君にかたみの髫髪松《うなゐまつ》

中庭論《パティオ》

「或る試み」

大根を干し魄《たましひ》を干す中庭《パティオ》
野に置かれて青い茎石であり

田中裕明に「水涸れて天才少女とはかなし」の句あれば

水涸るること云ふ天才少女君《きみ》

死を告げに来し綿虫の大きな目

綿虫をしづかな鳥と思ひをり

鷗白くラフカディオ・ハーンの忌

雪となりけりデッサンの馬の顔

バッハをバッタと聞きぬ水揺れてゐる

冬が来る大きな鳥のかたちして

時雨忌はわがたましひを玻璃囲ひ

雪の記憶

法然・親鸞・栄西・道元・山眠る

水涸れて鳥の匂ひの濃くなりぬ

雪催八瀬の童子にあひたしや
竹皮に牛肉雪となりにけり

さくらこ七歳思ひ出の被布畳まれて
断のきこえてきたる雪囲ひ

雪つきしままの箒を借りてきし

蠟燭五箱線香五箱雪残る

よく犬に会ふ日の村の雪解かな

余寒あり山繭色をしてゐたり

浦島

川霞み山霞みけり實の忌

魚は氷に少年のまなざしは沖に

目を遠くして行く春を惜しみけり

ロッキングチェアに男西行忌

臨済の道場蟇の目覚めたる
蹲踞して西行ぶりや蟇

筍のやうな赤子を祓ひけり

藩校は林の中に柏餅

祝　山中多美子句集『かもめ』

麦の秋かもめのこゑの響きけり

浦島の釣竿にをる蚯蚓かな

薄墨桜

かぐはしき古木の息や旧端午

真ん中に巨木を据ゑて山滴る

青葉にも薄墨の香のありにけり

若木より濃くて老い木の木下闇

木下闇ものの文目《あやめ》といふ言葉

いま鳴きし時鳥より落し文

薄墨の巨木が落とす落し文
仏にも神にもならむほととぎす

短夜を語り明かせし老い木かな

岐阜提灯そのうち母の齢《よはひ》くる

天牛

天牛に神寂びし顔寄せにけり

黒松に上れば見ゆる土用波

はたた神水の匂ひの殺到す

注連結うて滴る山を神とせむ

藪めうが闇の匂ひの濃くありぬ

青空の定家かづらを幣かとも

白雲に溶けゆく定家かづらかな

水の匂ひして初盆のすぐに来る

柴垣に日のさしてをる九月かな

天牛に一粒の雨落ちてきし

鴻雁来賓

臥龍山行基寺雁の渡りけり

どんぐりをきれいに掃いて雁を待つ

柿本多映曰くけふ雁来賓す

いなご煮ももろこ飴煮も雁の頃

光背の金匂ひたつ雁の頃

金色の鯉胸中に飼うて秋

雪螢柳の枝を抜けて来る

蔓たぐりして大き鳥とびたたす

掛稲に神楽のあがる社かな

古き世の貌して神の小鳥来る

ボルサリーノ帽

十二月八日ボルサリーノと語る
拭いて消すけふの青空憂国忌

冬空の片隅にある庭潦《にはたづみ》

イギリスの旗も使ひて冬構

雲はみな走るかたちの枯野かな

冬日流れてかたまつて白色レグホン

綿虫や父と歩きし深大寺

万両は千両よりも濡れてゐる

癒えて後ふくら雀となりたまふ

やはり我が道をゆくことにむささび

瀧

瀧の上の水静かなり憂国忌

那智の瀧図紅葉をうすうすと

はだかはだしの童顔の神将よ
柄の長き大き枯葉はかくれみの

橘の実のつめたさは鳥のため
舟板をばらして焚いて冬至の火

温石としての言葉を持ち歩く

瀧を抱き眠りに入りし山のこと

木枯に匂ひありとせば松の
瀧音の冴のなかや蕗の薹

鹿

鹿が角落とす艮《うしとら》町あたり

湯屋までを坂ゆるやかに虻の昼

落椿動かぬ水のおそろしく

春鹿となり訪ね来よ東大寺

暗がりに肉桂の木や涅槃の日

露《あら》はとはよき言の葉の涅槃像

涅槃図のごとくに春の鹿集ふ

みな髪に花びらつけて鹿を見る

持つべきは遊行のこころ袋角

鹿に手をなめられてゐる虚子忌かな

雪形

雪嶺といふ春深き響かな

薬師・観音・地蔵・烏帽子に残る雪

雪形の種まき爺は眠さうな

ステッキに銀の握りや雪解川

山雪解アンデレクロス光り出す

母に似て来しのこぎり岳に残る雪

雪形の代かき馬の汚れなき

雪解や白樺に触れ白き脂

雪形の鳥の命を惜しみけり

裾曳いてわが胸中の雪解山

拾遺

神鶏の蹴爪に春の光かな

春の炉の匂ひおたけさんおとらさん

春泥に泣く子は兄か弟か

中将の面《テ》をつけて春愁は

山の鳥畦に来てゐる植田かな

ローラースケート蔓薔薇をぎりぎりに

半分は絵の外にあり望の月

ふりしきる松葉の中に土俵あり

松風を聴き氷りたる池ならん

金沢は我が生れし町

誕生日昔と同じ雪が降り

揚輝荘

貴船みち白髭みちと冬に入る

石像が守る紅葉の館かな

紅殻を塗り揚輝荘冬構

玄冬やどんと据ゑたる佐久島《さく》の石

しろがねの雨の淡竹《はちく》を伐りにけり
濡れてをる人間臭き竹を伐る

落葉道あたたかさうな犬に会ふ

大石に冬の匂ひのありにけり

冬仕度石の由来を聞きながら
よかりけり雁寒き頃の石

冬干潟 II

清水貴久彦鳥となりしか冬干潟

鳥の目に少年消えし冬干潟

冬木より翔ちて干潟の鳥となる

白地図のごとくに冬の干潟かな

綿虫・大綿・雪螢・白《ブラン》

小雪や空に羽音の満ち満ちて

水鳥の叫《おら》ぶ声聞く波郷の忌

鐘の音を白しと云はん霜月

鋺《かなまり》も鳥もしろがね冬干潟

冬干潟暮れてほのかに白きもの

龍の玉

いつも山はあり風花舞ふときも
麓まで朝日のあたる雪の山

冬扇として白扇をつかふ刻《とき》

白障子孔雀のこゑを隠したる

虚空より神の落とせし龍の玉

神よりも高きところに長元坊

風折かはた雪折か香ばしき

少年となりたき少女蘆の角

春はやて我を攫《さら》つてしまひけり

潦《にはたづみ》ひとつ残して雁帰る

一隅

一隅を照らす椿でありにけり

瞑りてをれば綿虫に好かれる

北国の夜明けの色の鱒を買ふ

蘆の角水越ゆるまた水越ゆる

竹藪も信濃の春と思ひけり

法然忌犬のところで待つてます

切株に聞く山寺の蛙かな

をがたまの花咲く真昼死の匂ひ

密に描けば抽象となる蝸牛

涼しさのボーヴォワールと歩み来し

白雨

遠雷や鵜川をものの流れゆく

藻の花の咲くかたはらに舟洗ふ

鵜川とはゆつくりとさかのぼるもの

白雨来て鵜の横顔を隠しけり

木槿咲く鵜匠の家の灯りけり

筒袖の鵜匠白髪夏の闇

夏の闇鵜匠の眉の動きけり

白雨《ゆふだち》のあと鵜の匂ひ濃くなりぬ

夢の中まぬがれがたく鵜の匂ふ

胸中の歳月を消す白雨かな

方丈記

醜《しこ》草《くさ》に陽炎たちぬ方丈記

庭下駄を履き鳶の巣を見にゆかん

こぶ多き大木にして明易し

雀より少し大きく更衣

水へ戻る鳥の足跡滲む七月

涼しさや終《つひ》の栖《すみか》を方丈と

錆色の柘榴の花の流れゆく
父に投げられし少女期といふ夏

追憶といふ麦秋の匂ひかな

戦《そよ》ぐとは松籟にあり蛇にあり

藻の花

藻の花のぽつかり浮いて太宰の忌

藻の花を過ぎゆく水の新しく

藻の花の水いづくよりいづかたへ

藻の花に水音遠くなりにけり

少女には昼顔の傷白くあり

八景の一つに夏の鳰のこゑ

しばらくは門川に漬け夏花かな

まゐらせむまだ濡れてゐる夏花なれど

藻の花に魚跳ねる音一度きり

悼 藤本安騎生

蛇その他汝にまつはるもの多し

扉を開けて

天台烏《う》薬《やく》かたはらに御慶かな

ずぶ濡れの蛙の声と思ひけり

桐の花咲いて見知らぬ道となり

たましひを濡らす雨来てかんこ鳥

悼　小寺敬子

扉を開けて晩夏の光溢れしむ

仲秋やしづかに草の起ち上がる

鳶の舞ふ裏山のあり七五三

凍りたる白たぐひなき忘れ潮

雪吊に鷗の声の降るごとし

いつもの木ふくら雀の木となりぬ

白息

葱よりも白く放心してゐたり

大石に父の匂ひや冬に入る

梟の鳴く紅殻の邸かな

枯れ枯れて木鶏となりおほせたる

薄墨の寂しさ冬の水にあり

万太郎の寒の蜆のやうな文字

誕生日風のやうに過ぐ薄氷

水仙にかもめの影のさしにけり

拳握れど冬枯のすすみゆく
白息をもてさやうならさやうなら

燕来る

春疾風吹きふところに熱きもの
いづれの日かばばと呼ばれむ春北風

春北風だんだんうれしくなりにけり

これよりの家族はふたり燕来る

瞑りてをり囀に触るるため
拍手《かしはで》を響かせ草の芳しき

深きより亀浮かびくる鳴くために
身に添はぬ杖を頼りの花の旅

ゆかしきは遊行桜のその落花
行春を共に惜しむに足る人ぞ

チェホフ忌

魚はみな素顔で泳ぐチェホフ忌

聖堂を白夜の森と思ひけり

帆船はガラスの中に明易し

千の窓巨船にありて明易し

水打つて小鳥を滑り易くする

純白の薔薇は翼をはづしけり

昼顔のどこかが濡れてゐる埠頭

端居して木賊の青に浸りゐる

通草の蔓過ぎゆく刻《とき》を摑まんと
青蚊帳にまぼろしの魚泳がする

小鳥来る

真つすぐな髪を梳くとき小鳥来る

小鳥来るときかたちとなる希望

詩のことば翼にのせて小鳥来る

木の上に寝る神鶏に秋の顔

秋風を待ちゐる梓真弓かな

虫籠の置かれて古き舟箪笥

潜水服乾き秋祭はじまる

荒魂の御ん前秋の蚊を打てり

桔梗や床に宸筆御消息

子規の忌の近づくオクラ畑かな

煙茸

煙茸我は何処にゆかんとす

こはごはと少女の私茸山

あさぎまだら私を離れずにゐて
秋の蝶消えさびしさの消えにけり

憲法が赤き木の実のかたはらに
さまざまの戦の果ての柿の色

虫食ひも染みも美し柿紅葉

国分寺礎石に秋の溜まりをり

須弥壇の上は秋風吹くばかり
風雲のなかより紅葉こぼれけり

冬干潟 Ⅲ

道鏡のこと虚子に尋ねむ冬干潟

現《うつつ》とも夢とも冬の杖の人

初しぐれ雀に眉のありぬべし

しぐるるや雀のことば聞きをれば

鴨のこゑを白しといひし翁の忌

木枯を恋ひ風狂を恋ひにけり

いや長き細き煤竹二月堂

梛の葉に来てしばらくを冬の蠅

悼　木村辰子さん

手の冷たからんに泊《さ》夫《ふ》藍《らん》を捧げん

冬扇は棺の上に畳まれて

水鳥

水鳥をピカソが描けば女なり

裸婦像を置きて春待つ心かな

とびはねる女と春の霰かな

もう馬はゐず斑雪野あるばかり

光る川いくつ渡りて梅探る

雪解けの音聞こえくる絵を飾り

我もひともとの梅の木となりたし

金泥に舟を描きぬ水ぬるむ

春潮の遠鳴りを聞く誓子の忌

桜貝打ち上げて波帰らざる

鬱王

鬱王の忌の花蕊に手を汚し

たましひをしづかに濡らす緑雨かな

桃の枝さしあり存在《ザイン》を公案す

恋の猫目やにをためてゐたりけり

谷崎も虚子も来てをり春の宵

巨船ゆくごとく藤波動きけり

風止んでもとの形に戻る藤

よそ見して九尺藤にあたりたる

橙の花ぽつてりと開きけり
吾が生のみどりの中に浸りゐる

花あふち

梅檀の花を見上ぐる顔あまた
花あふち見るたび母の遠くなり

思ひ出はあふちの花と共にあり
人の訃をしづかに聴けり花あふち

逝く人はあふちの花を残しけり

梅檀の花咲く頃の空の色

雲淡しあふちの花に紛れては
深き空よりあふちの花の散ることよ

ゆふぐれに目を瞠《みひら》けば花あふち

またも来むあふちの花の咲く頃に

句集　冬干潟　畢

跋

干潟から――武藤紀子論

中田　剛

武藤紀子さんの俳句雑誌「円座」が出るその前の年の冬、今後「円座」にかかわってゆくであろう人達の顔合わせの句会が京都は今熊野観音寺にておこなわれた。その日、家を出るときすでに空は澱んでいたが、はたして京阪東福寺駅の改札口を出たあたりからしぐれた。はやくに着いて少々時間を余していたし、句がまったく手許になかったから、辺りをぶらぶらした。たまたまつきあたった久邇宮、賀陽宮墓地をしばし眺めていた。何の鳥だか見当のつかぬ一群が、幾たびか頭上をよぎった。木を伐る音がときおり森の中からきこえてきた。とりあえず句を少し書き留めた。句帳にこまかな雨粒がついて、緑色のペン字がにじんだ。しばらくしてもと来た参道を戻って今熊野観音寺への赤い橋を渡った。今熊野観音寺は紅葉の名所でもあるが、すでにその名残りというほどのものはほとんど大方が赤黒くくすんで、むしろ凄惨と見れば見えぬこともなく雨雫を垂らしていた。

会は終始和やかで楽しかった。折詰のお寿司をいただきながら、おのおの自己紹介などし、句会をおこなった。武藤さんがこの顔合わせの会をお世話いただいた妹の廣子さんの句を、ふたつ特選に取った。〈さざんかの花紅白に庭を掃く〉と〈吉兆のキリンかがやき初句会〉。どんな理由だったか思い出せないのだが、〈吉兆のキリン〉の句の講評だったかの時、みんなして大笑いとなった。偶然ふたつも特選に取った事実自体が可笑しかったのかもしれぬ。〈さざんかの花〉の句は私も下選に書き留めた。目に入ったときとても素直な句であるとおもった。〈吉兆のキリン〉のほうは具体的な対象を見ていなかったこともあり、一読おもしろいとはおもったのだがためらった。ただこの会への挨拶であることがうれしかった。

書き留めもできず素通りしてしまった渡辺純枝さんの〈狩野派も土佐派も冬の御所の松〉を披講で聞いて、しまったとおもった。私は白石喜久子さんの句を三つも取った。なかでも〈冬日しづかに多羅葉に次の鳥〉にひかれた。勿論その日、しぐれた空にじっさい多羅葉を仰ぎ鳥を仰いでいた。武藤さんは〈御手にのる柑子蜜柑のごときもの〉〈截金のひかりをかへす薄氷〉などを出されていた。とくに〈截金のひかりをかへす薄氷〉は、取ろうかどうしようか随分とまよった。結局〈ひかりをかへす〉の箇所に隙がなさすぎて、かえって慎重になった。会がおわって京阪東福寺駅へ戻る途中、今熊野が実質的な猿楽出発の地であることをふとおもった。一三七五年（永和元年）、観世父子は十七歳の足利義満を前に猿楽を演じている。世阿弥はこのときまだ鬼夜叉を名乗り、十二歳であった。それからそういえば、武藤さんには〈能面に歯のある不思議秋の風〉があったなとおもった。顔合わせの会のあたたかな雰囲気にくつろぎすぎて気がゆるんだか、しぐれが身にしみたか、私は次の日、風邪をひいて寝込んでしまった。

武藤紀子さん主宰の俳句雑誌「円座」の創刊号が手許に届いたのは三月も終り近くであった。武藤さんの師である宇佐美魚目氏が祝句〈一山の鳥一つ木に秋の晴〉と近作五句を寄せておられるのが、まこと心強くうれしかった。祝句は「円座」出発を後押しするにふさわしく晴朗であり、年の初めに近江は安土町西の湖で芦刈りをした折に見た、立錐の余地なく鴉がのっかった或る一樹をおもいおこした。あの日も底抜けの青空であった。また近作五句中の〈白雲の出で入る大樹けふ虚子忌〉の大樹は、まさしく虚子そのひとの一面を伝え、〈神木や日出づるより蟬しぐれ〉からきこえてくる懸命の蟬の声は、澄み張っている。長谷川櫂氏のユーモアたっぷりの弾むような文章も素晴らしかった。〈武藤さんは太陽のような人である。〉はまさしくそのとおりであるとおもった。武藤紀子さんの作品は「冬干潟」と題する十句。どれも気に入った句であったが、私は最後の三句に武藤さんの素心をみた。宇佐美魚目氏に〈死はかねてうしろにされば桃李〉という句がある。他の二句〈長く病むとは日盛りの松と槇〉〈炎天の寺の岩組み母のこゑ〉とともに「母を失ひて三十八年　三句」の前書きが付されている。〈死はかねてうしろにされば桃李〉の〈死はかねて〉は兼好『徒然草』第一五五段最後部〈死は前よりしも来らず。かねてうしろに迫れり。人皆死あることを知りて、待つことしかも急ならざるに、覚えずして来る。沖のひかた遥かなれども、磯より潮の満つるが如し。〉を引いている。武藤さんの「冬干潟」十句の第八番目に〈髫髪子にくれなゐの頰冬干潟〉、第十番目に〈髫髪子に冬の干潟の光りけり〉を見たとき即座に宇佐美魚目氏の〈死はかねてうしろにされば桃李〉をおもった。それはたまたまではなくおもわされるべくしておもわされた。なかでも〈髫髪子にくれなゐの頬冬干潟〉の〈くれなゐの頬〉は季節こそ違えるものの〈死はかねてうしろにされば桃李〉の〈桃李〉とかさなる。宇佐美魚目氏が〈されば桃李〉に何をこめたかは、た易くは分からない。それは宇佐美魚目氏の心の底ふかく蔵されている。しかしながら、赤紫に熟した李の実体はどうしても冬の干潟を見つめる、おそらくは少女の紅のやわらかな頬と映発する。もうひとつの〈髫髪子に冬の干潟の光りけり〉にしてもやはり〈死はかねてうしろにされば桃李〉を介在して『徒然草』第一五五段中の〈沖のひかた遥かなれども、磯より潮の満つるが如し〉よりたつ光景を否応なしにおもわせる。それにしても干潟とは不思議な場所だ。人の生の営みの結節点にかかわりあらわれる。

宇佐美魚目氏の一番新しい句集『松下童子』中、「武藤紀子さん母上を失ふ」の前書きのもとの〈欷歔されば手紙としたり冬干潟〉〈あなたは母の死を悲しんできっとまだすすり泣いていることだろうから今はとてもあなたの声をきくことができません。それゆえ手紙をしたためます。〉というような意味であろう。宇佐美魚目氏のやさしさである。）はまさしく髫髪子の立つ冬の干潟である。ところで髫髪子の〈髫髪〉はじつは髫髪子の二句に挟まれた第九番目の〈我に円座君にかたみの髫髪松〉にはじまる。この句には〈清水貴久彦へ〉の前書きがある。この前書きは少し説明を要する。清水貴久彦氏は岐阜在住の俳人。岐阜のひとだから武藤紀子さんや渡辺純枝さんと親交がある。清水貴久彦氏は去年の秋、『髫髪松』という名の句集を出された。その句集『髫髪松』には別紙が挟まれており、そこには〈十年前に句集『微苦笑』を出すことができ、これで十分、次を出すことはないだろうと思っていたのですが、この春大病を患って心変りし、あわてて『髫髪松』をまとめました。〉と記されてあった。更に句集のあとがきには〈髫髪松とは、墓のしるしに植えた松のことである。〉とあった。つまり武藤さんの句中の〈君にかたみの髫髪松〉なのである。

ところで武藤さんにとっての〈我に円座〉の〈円座〉とは何をさすのか。自らが率いる「円座」という名前の俳句雑誌のことか。あるいはそこに集う仲間たちのことか。もちろんそれらも〈円座〉に含まれているだろうが、この句中の〈円座〉は私には〈山かけて赤松つづく円座かな〉という句そのものであるようにおもう。かつて「古志」平成七年十、十一月号で特集〈武藤紀子句集『円座』を読む〉が組まれ小池沙知氏と私が文章を書いた。小池氏の「目に見えないものを詠む」はとても良い文章であった。小池氏のこの文章で〈山かけて赤松つづく円座かな〉誕生の経緯を知ることができた。この句は飴山實、長谷川櫂両氏を迎えての岡山における吟行句会の折、閑谷学校脇の古い茶室で生まれている。もちろんその茶室からは赤松続く山が見えていた。私は小池沙知氏の文章中とくに「この句に詠まれているのは、ただ閑谷の山とこの句会の景色にとどまらない。赤松の山がどこまでも続いていく。が、続いていくのはただ目の前の景だけであろうか。私には永遠に続く時の流れのようなものさえ感じられるのだ。」の箇所に立ち止まった。目を開かれた。この文章を読んでだいぶたってから、赤松の山肌をしずかに眺めわたすひとびとの目差がおもわれた。死を最たるものとして否応なき運命のすべてを受け入れてなお生きるひとびとのけなげさをおもった。だから清水貴久彦氏にあてた〈我に円座君にかたみの髻髪松〉は通り一遍の軽い挨拶ではない。清水氏の境遇への同情でも共鳴でもない。それぞれにあたえられた運命を受け入れる覚悟を確認しあったのだ。
ところでかの日、閑谷学校脇の古い茶室から見た赤松の記憶はその後もちらちらと顔を出す。『円座』の次の句集『朱夏』には〈赤松のつめたき影を泳ぎけり〉があり、一番新しい句集『百千鳥』には〈赤松の間より見ゆる夏の山〉がみとめられる。私の手許にはすでに「円座」の第二号が届いている。武藤紀子さんは「焦土」と題する十句を発表しておられる。母と父にかかわる二句が後ろのほうに並んでいる。〈母と見し春潮模糊とふくれくる〉と〈父とありし少し離れて梅匂ふ〉。母上の松岡優子氏とは一度だけお会いした。かつて芹生の松岡氏の山荘で今おもえば夢のような楽しいひとときをすごさせていただいた。（飴山實氏の句集『花浴び』の中にも〈山椒の実が真赤ぞと山の母〉を含む八句が収められている。）死によって故人はいったん遠ざかりはするが、時を経てふたたび或る懐かしさを伴って近づいてくるもののようである。武藤さんの母の句を見てちょっとそのようなことをおもった。それから宇佐美魚目氏のかの句〈母と見しも雪中紡錘形の鯉〉も。

（「俳壇」平成二十三年八月号）

あとがき

母の死

母が亡くなった時、私は四十四歳だった。六十七歳の今と違ってまだ若く、死というものにそれほど切実感がなかった。その前に父を亡くしたばかり。父も母も一緒に住んでいた京都の妹が世話をしてくれていたので、ますます実感が伴わず、離れて暮らしていた私には、悲しみもそれほど感じなかった。

母方は女系家族で、長女の母を入れて三姉妹。私も妹と二人姉妹。私の一人の子も女。

娘われ母も丑歳白地着て　紀子

祖母と母と二人の叔母は全員肝硬変で六十代で亡くなっている。その中では母が一番長生きで、ちょうど七十歳で亡くなったのだ。

母の齢《よはひ》まで生きたしや花の山　紀子

女系家族の一員としての私も、そう長生きは出来ないような気がしている。そして、母の亡くなった七十歳がそろそろ近付いて来ている。この句集を出したいと考えた理由だ。

冬干潟

母が亡くなった時、私の俳句の師である宇佐美魚目先生から悼句の書かれた色紙を頂戴した。

武藤紀子さん母上を失ふ
欷《き》歔《きょ》されば手紙としたり冬干潟　　魚目

はじめ欷歔の字が読めなかった。魚目先生は書家で達筆だし、この言葉を知らなかったので、何の事だろうと途方にくれた。

しばらくしてやっと「ききょ」の読み方と意味がわかった。中田剛さんが跋文に書いて下さったように「悲しくてとてもお会い出来ないので手紙でおくやみ申し上げます」という意味だとおぼろげにわかった。それでも難しい句だなあと思った。欷歔という固い言葉もそうだが、季語の「冬干潟」がよく判らなかった。歳時記をみてもこの季語はのっていない。何故この季語が使われているのだろう。

「干潟」は春の季語だ。陰暦三月三日頃は彼岸の大潮の時期で、一年中で最も潮の干満の差が大きい。広い潮干潟が現れる。

その「干潟」に「冬」をつけた「冬干潟」という季語の本意は何だろう。私にはさっぱりわからなかったが不思議に心をひかれた。四十代の今の自分にはこの季語はとても使いこなせないが、いつか「冬干潟」を使って俳句を詠んでみたいと痛切に感じたことを、よく覚えている。

「円座」の出発

『冬干潟』は『円座』『朱夏』『百千鳥』に続く私の第四句集である。

ここに収めた句は、二〇一一年の「円座」創刊号から二〇一六年の「円座」三十四号までの主宰詠十句をそのまま使った。これらの句こそ『百千鳥』を出してからの私の俳句の歩みをそのまま現わしているからである。

私が「円座」を創刊できたのは長谷川櫂さんのおかげである。

私は宇佐美魚目に師事して、同人誌「晨」の同人だったが、長谷川櫂主宰の「古志」の創刊からの同人でもあった。「古志賞」の選考委員として鎌倉に行った時、別室に呼ばれて、結社誌をつくりなさいといわれた。寝耳に水の話で驚いていると、「古志」の衛星誌ではなく、宇佐美魚目を師系とする結社をつくりなさい、出来る限り応援するからといわれた。あんまり驚いて頭の中が真っ白になった。ちょうど第三句集『百千鳥』を出したあとで、これからどんな句を作ったらいいのかわからなくなっていた。自分がどこへどのように進んだらよいかわからず、もう俳句をやめようかしらと思っていた。そこへ新しい思いもかけない話を聞かされて、背中をひとつ強く押された。どうなるかわからないが、進むべき道を櫂さんが示してくれたのだ。

『冬干潟』の中に「龍の玉」の題の十句がある。この十句は、私に新しい道をつくってくれた櫂さんへのオマージュの句である。「古志」の同人でいた二十年の間、櫂さんを師と思ったことはなかった。あくまで私の師は宇佐美魚目と考えていた。しかし「円座」の主宰となってみると、ああ私は「古志」で櫂さんからたくさんの指導を受けたのだなあと、つくづく考えさせられるようになったのであった。

おわりに

他にも「円座」のおかげでわかった事がある。会員を指導しているつもりでいたが、皆に協力してもらってやっていけているのがよくわかった。自分一人では何もできない。

俳句のことでも、東海地区の現代俳句協会の方々に教えを受けるようになり、自分の俳句が変わった。

何もかも「円座」の主宰になっていなければわからないことばかりだった。この句集『冬干潟』が私一人の力では決してなく、たくさんの方々のお力を借り、結集できたものであると心から思える。

この句集の中に「冬干潟」と題した十句が三回でてくる。「円座創刊号」「宇佐美魚目句集特別号」「円座五周年記念号」のときの三つである。どの号も「円座」にとって重要な節目となっている号である。「冬干潟」という言葉が自分にとってどれほど重要で大切なものか、この句集をまとめるにあたってはじめて気がついて呆然とした。そのとき、句集名は『冬干潟』以外にはありえないと思った。

そして、この大切な題をあたえてくれた宇佐美魚目先生のことを思った。

本句集出版のお世話を賜りました石井隆司様、角川『俳句』編集長の白井奈津子様、他みな様に厚くお礼を申し上げます。

平成二十八年十一月

武藤紀子

著者略歴

武藤紀子

むとう・のりこ

昭和二十四年　石川県金沢市生まれ

昭和六十一年　児玉輝代につき俳句を学ぶ

昭和六十三年　宇佐美魚目に師事

平成二年　「晨」同人

平成五年　長谷川櫂に兄事、「古志」同人

平成二十三年　「円座」創刊、主宰

句集　『円座』『朱夏』『百千鳥』『現代俳句文庫　武藤紀子句集』

著者　『元禄俳人芳賀一晶と歩く東海道五十三次』

共著　『宇佐美魚目歳時記』『鑑賞　女性俳句の世界』

現代俳句協会東海地区理事、日本文藝家協会会員

現住所　〒四六七－〇〇四七　名古屋市瑞穂区日向町三－六十六－五

句集　冬干潟《ふゆひがた》

初版発行　2017（平成29）年2月25日

著　者　武藤紀子
発行者　宍戸健司
発　行　一般財団法人　角川文化振興財団
〒102-0071　東京都千代田区富士見1-12-15
電話03-5215-7819
http://www.kadokawa-zaidan.or.jp/
発　売　株式会社　KADOKAWA
〒102-8177　東京都千代田区富士見2-13-3
電話0570-002-301（カスタマーサポート・ナビダイヤル）
受付時間　9:00 〜 17:00（土日　祝日　年末年始を除く）
http://www.kadokawa.co.jp/
印刷製本　中央精版印刷株式会社

落丁・乱丁本はご面倒でも下記KADOKAWA読者係にお送り下さい。
送料は小社負担でお取り替えいたします。古書店で購入したものについてはお取り替えできません。
電話049-259-1100（9時〜17時／土日、祝日、年末年始を除く）
〒354-0041 埼玉県入間郡三芳町藤久保550-1
 ISBN978-4-04-876428-5 C0092

角川俳句叢書　日本の俳人100

青柳志解樹
朝妻　力
有馬朗人
安西　篤
伊丹三樹彦
伊藤敬子
伊東　肇
井上弘美
猪俣千代子
茨木和生
今井千鶴子
今瀬剛一
岩岡中正
大石悦子
大牧　広
大峯あきら
大山雅由

小笠原和男
奥名春江
落合水尾
小原啄葉
恩田侑布子
甲斐遊糸
柿本多映
加古宗也
柏原眠雨
加藤憲曠
加藤耕子
加藤瑠璃子
金箱戈止夫
金久美智子
神尾久美子
九鬼あきゑ
黒田杏子

阪本謙二
佐藤麻績
塩野谷　仁
小路紫峡
鈴木しげを
千田一路
高橋将夫
田島和生
辻　恵美子
坪内稔典
出口善子
手塚美佐
寺井谷子
中嶋秀子
名村早智子
鳴戸奈菜
名和未知男

西村和子
能村研三
橋本榮治
橋本美代子
藤木倶子
藤本安騎生
藤本美和子
文挾夫佐恵
古田紀一
星野恒彦
星野麥丘人
松尾隆信
松村昌弘
黛　執
岬　雪夫
宮田正和
武藤紀子

本宮哲郎
森田　峠
山尾玉藻
山崎　聰
山崎ひさを
柚木紀子
依田明倫
若井新一
渡辺純枝
ほか

（五十音順・太字は既刊）